信息系统运行管理员考试大纲

全国计算机专业技术资格考试办公室　编

清华大学出版社

北　京

内 容 简 介

本书是全国计算机专业技术资格考试办公室组织编写的信息系统运行管理员考试大纲，本书除大纲内容外，还包括了人力资源和社会保障部、工业和信息化部的有关文件以及考试简介。

信息系统运行管理员考试大纲是针对本考试的信息系统初级资格制定的。通过本考试的考生，可被用人单位择优聘任为助理工程师。

图书在版编目(CIP)数据

信息系统运行管理员考试大纲/全国计算机专业技术资格考试办公室编. —北京：清华大学出版社，2018（2025.3重印）

（全国计算机技术与软件专业技术资格（水平）考试指定用书）

ISBN 978-7-302-50869-4

Ⅰ.①信… Ⅱ.①全… Ⅲ.①管理信息系统–资格考试–考试大纲 Ⅳ.①C931.6-41

中国版本图书馆 CIP 数据核字（2018）第 174669 号

责任编辑：杨如林
封面设计：常雪影
责任校对：徐俊伟
责任印制：宋 林

出版发行：清华大学出版社
　　　网　　址：https://www.tup.com.cn, https://www.wqxuetang.com
　　　地　　址：北京清华大学学研大厦 A 座　　　邮　　编：100084
　　　社 总 机：010-83470000　　　　　　　　　邮　　购：010-62786544
　　　投稿与读者服务：010-62776969，c-service@tup.tsinghua.edu.cn
　　　质量反馈：010-62772015，zhiliang@tup.tsinghua.edu.cn
印 装 者：涿州市殷润文化传播有限公司
经　　销：全国新华书店
开　　本：130mm×185mm　印　张：1.375　字　数：29千字
版　　次：2018 年 9 月第 1 版　　　　印　次：2025 年 3 月第 8 次印刷
定　　价：15.00 元

产品编号：081023-01

前　言

全国计算机技术与软件专业技术资格（水平）考试（以下简称"计算机软件考试"）是由人力资源和社会保障部、工业和信息化部领导下的专业技术资格考试，属于国家职业资格考试。人事部、信息产业部联合颁发的国人部发[2003]39号文件规定了这种考试的政策。计算机软件考试包括了计算机软件、计算机网络、计算机应用、信息系统、信息服务等领域初级资格（技术员/助理工程师）、中级资格（工程师）、高级资格（高级工程师）的 27 种职业岗位。根据信息技术人才年轻化的特点和要求，报考这种资格考试不限学历与资历条件，以不拘一格选拔人才。现在，软件设计师、程序员、网络工程师、数据库系统工程师、系统分析师考试标准已经实现了中国与日本国互认，程序员和软件设计师考试标准已经实现了中国和韩国互认。

各种资格的考试大纲（考试标准）体现了相应职业岗位对知识与能力的要求。这些要求是由全国计算机专业技术资格考试办公室组织了全国相关企业、研究所、高校等许多专家，调研了很多相关企业的相应职业岗位，参考了先进国家的有关考试标准，逐步提炼，反复讨论形成的。一般的做法是先确定相应职业岗位的工作流程，对每个工作阶段又划分多个关键性活动，对每项活动再列出所需的知识以及所需的能力要求，最后，汇总这些知识要求与能力要求，形成考试大纲。初级与中级资格考试一般包括基础知识与应用技术两大科目；高级资格考试一般包括综合知识、案例分析与论文三大科目。

正由于考试大纲来源于职业岗位的要求，是考试命题的依据，因此，这种考试已成为衡量考生是否具有职业岗位要求的一个检验标准，受到社会上各用人单位的广泛欢迎。20多年的考试历史也证明，这种考试已经成为我国著名的 IT 考试品牌，大批合格人员得到了升职聘用，对国家信息化发挥了重要的作用。这就是广大在职人员以及希望从事相关专业工作的学生积极报考的原因。

计算机软件考试的其他有关信息见网站 www.ruankao.org.cn 中的资格考试栏目。

编　者

2018 年 7 月

人 事 部
信 息 产 业 部 文件

国人部发〔2003〕39 号

关于印发《计算机技术与软件专业技术资格（水平）考试暂行规定》和《计算机技术与软件专业技术资格（水平）考试实施办法》的通知

各省、自治区、直辖市人事厅（局）、信息产业厅（局），国务院各部委、各直属机构人事部门，中央管理的企业：

为适应国家信息化建设的需要，规范计算机技术与软件专业人才评价工作，促进计算机技术与软件专业人才队伍建设，人事部、信息产业部在总结计算机软件专业资格和水平考试实施情况的基础上，重新修订了计算机软件专业资格和水平考试有关规定。现将《计算机技术与软件专业技术资格（水平）考试暂行规定》和《计算机技术与软件专业技术资格（水平）考试实施办法》

印发给你们，请遵照执行。

自 2004 年 1 月 1 日起，人事部、原国务院电子信息系统推广应用办公室发布的《关于印发〈中国计算机软件专业技术资格和水平考试暂行规定〉的通知》（人职发〔1991〕6 号）和人事部《关于非在职人员计算机软件专业技术资格证书发放问题的通知》（人职发〔1994〕9 号）即行废止。

中华人民共和国　　　中华人民共和国
人　事　部　　　信息产业部

二〇〇三年十月十八日

计算机技术与软件专业技术
资格（水平）考试暂行规定

第一条 为适应国家信息化建设的需要，加强计算机技术与软件专业人才队伍建设，促进我国计算机应用技术和软件产业的发展，根据国务院《振兴软件产业行动纲要》以及国家职业资格证书制度的有关规定，制定本规定。

第二条 本规定适用于社会各界从事计算机应用技术、软件、网络、信息系统和信息服务等专业技术工作的人员。

第三条 计算机技术与软件专业技术资格（水平）考试（以下简称计算机专业技术资格（水平）考试），纳入全国专业技术人员职业资格证书制度统一规划。

第四条 计算机专业技术资格（水平）考试工作由人事部、信息产业部共同负责，实行全国统一大纲、统一试题、统一标准、统一证书的考试办法。

第五条 人事部、信息产业部根据国家信息化建设和信息产业市场需求，设置并确定计算机专业技术资格（水平）考试专业类别和资格名称。

计算机专业技术资格（水平）考试级别设置：初级资格、中级资格和高级资格 3 个层次。

第六条 信息产业部负责组织专家拟订考试科目、考试大纲和命题，研究建立考试试题库，组织实施考试工作和统筹规划培训等有关工作。

第七条 人事部负责组织专家审定考试科目、考试大纲和试题，会同信息产业部对考试进行指导、监督、检查，确定合格标准。

第八条 凡遵守中华人民共和国宪法和各项法律，恪守职业道德，具有一定计算机技术应用能力的人员，均可根据本人情况，报名参加相应专业类别、级别的考试。

第九条 计算机专业技术资格（水平）考试合格者，由各省、自治区、直辖市人事部门颁发人事部统一印制，人事部、信息产业部共同用印的《中华人民共和国计算机专业技术资格（水平）证书》。该证书在全国范围有效。

第十条 通过考试并获得相应级别计算机专业技术资格（水平）证书的人员，表明其已具备从事相应专业岗位工作的水平和能力，用人单位可根据《工程技术人员职务试行条例》有关规定和工作需要，从获得计算机专业技术资格（水平）证书的人员中择优聘任相应专业技术职务。

取得初级资格可聘任技术员或助理工程师职务；取

得中级资格可聘任工程师职务；取得高级资格可聘任高级工程师职务。

第十一条　计算机专业技术资格（水平）实施全国统一考试后，不再进行计算机技术与软件相应专业和级别的专业技术职务任职资格评审工作。

第十二条　计算机专业技术资格（水平）证书实行定期登记制度，每 3 年登记一次。有效期满前，持证者应按有关规定到信息产业部指定的机构办理登记手续。

第十三条　申请登记的人员应具备下列条件：

（一）取得计算机专业技术资格（水平）证书；

（二）职业行为良好，无犯罪记录；

（三）身体健康，能坚持本专业岗位工作；

（四）所在单位考核合格。

再次登记的人员，还应提供接受继续教育或参加业务技术培训的证明。

第十四条　对考试作弊或利用其他手段骗取《中华人民共和国计算机专业技术资格（水平）证书》的人员，一经发现，即行取消其资格，并由发证机关收回证书。

第十五条　获准在中华人民共和国境内就业的外籍人员及港、澳、台地区的专业技术人员，可按照国家有关政策规定和程序，申请参加考试和办理登记。

第十六条　在本规定施行日前，按照《中国计算机软件专业技术资格和水平考试暂行规定》（人职发〔1991〕6 号）参加考试并获得人事部印制、人事部和信息产业部共同用印的《中华人民共和国专业技术资格证书》（计算机软件初级程序员、程序员、高级程序员资格）和原中国计算机软件专业技术资格（水平）考试委员会统一印制的《计算机软件专业水平证书》的人员，其资格证书和水平证书继续有效。

第十七条 本规定自 2004 年 1 月 1 日起施行。

计算机技术与软件专业技术
资格（水平）考试实施办法

第一条 计算机技术与软件专业技术资格（水平）考试（以下简称计算机专业技术资格（水平）考试）在人事部、信息产业部的领导下进行，两部门共同成立计算机专业技术资格（水平）考试办公室（设在信息产业部），负责计算机专业技术资格（水平）考试实施和日常管理工作。

第二条 信息产业部组织成立计算机专业技术资格（水平）考试专家委员会，负责考试大纲的编写、命题、建立考试试题库。

具体考务工作由信息产业部电子教育中心（原中国计算机软件考试中心）负责。各地考试工作由当地人事行政部门和信息产业行政部门共同组织实施，具体职责分工由各地协商确定。

第三条 计算机专业技术资格（水平）考试原则上每年组织两次，在每年第二季度和第四季度举行。

第四条 根据《计算机技术与软件专业技术资格（水平）考试暂行规定》（以下简称《暂行规定》）第五

条规定，计算机专业技术资格（水平）考试划分为计算机软件、计算机网络、计算机应用技术、信息系统和信息服务 5 个专业类别，并在各专业类别中分设了高、中、初级专业资格考试，详见《计算机技术与软件专业技术资格（水平）考试专业类别、资格名称和级别层次对应表》（附后）。人事部、信息产业部将根据发展需要适时调整专业类别和资格名称。

考生可根据本人情况选择相应专业类别、级别的专业资格（水平）参加考试。

第五条 高级资格设：综合知识、案例分析和论文 3 个科目；中级、初级资格均设：基础知识和应用技术 2 个科目。

第六条 各级别考试均分 2 个半天进行。

高级资格综合知识科目考试时间为 2.5 小时，案例分析科目考试时间为 1.5 小时、论文科目考试时间为 2 小时。

初级和中级资格各科目考试时间均为 2.5 小时。

第七条 计算机专业技术资格（水平）考试根据各级别、各专业特点，采取纸笔、上机或网络等方式进行。

第八条 符合《暂行规定》第八条规定的人员，由本人提出申请，按规定携带身份证明到当地考试管理机构报名，领取准考证。凭准考证、身份证明在指定的时间、地点参加考试。

第九条 考点原则上设在地市级以上城市的大、中专院校或高考定点学校。

中央和国务院各部门所属单位的人员参加考试，实行属地化管理原则。

第十条 坚持考试与培训分开的原则，凡参与考试工作的人员，不得参加考试及与考试有关的培训。

应考人员参加培训坚持自愿的原则。

第十一条 计算机专业技术资格（水平）考试大纲由信息产业部编写和发行。任何单位和个人不得盗用信息产业部名义编写、出版各种考试用书和复习资料。

第十二条 为保证培训工作健康有序进行，由信息产业部统筹规划培训工作。承担计算机专业技术资格（水平）考试培训的机构，应具备师资、场地、设备等条件。

第十三条 计算机专业技术资格（水平）考试、登记、培训及有关项目的收费标准，须经当地价格行政部门核准，并向社会公布，接受群众监督。

第十四条 考务管理工作要严格执行考务工作的有关规章和制度，切实做好试卷的命制、印刷、发送和保管过程中的保密工作，遵守保密制度，严防泄密。

第十五条 加强对考试工作的组织管理，认真执行考试回避制度，严肃考试工作纪律和考场纪律。对弄虚作假等违反考试有关规定者，要依法处理，并追究当事人和有关领导的责任。

计算机技术与软件专业技术
资格（水平）考试
专业类别、资格名称和级别对应表

资格名称 级别层次 \ 专业类别	计算机软件	计算机网络	计算机应用技术	信息系统	信息服务
高级资格		·信息系统项目管理师 ·系统分析师 ·系统架构设计师 ·网络规划设计师 ·系统规划与管理师			
中级资格	·软件评测师 ·软件设计师 ·软件过程能力评估师	·网络工程师	·多媒体应用设计师 ·嵌入式系统设计师 ·计算机辅助设计师 ·电子商务设计师	·系统集成项目管理工程师 ·信息系统监理师 ·信息安全工程师 ·数据库系统工程师 ·信息系统管理工程师	·计算机硬件工程师 ·信息技术支持工程师
初级资格	·程序员	·网络管理员	·多媒体应用制作技术员 ·电子商务技术员	·信息系统运行管理员	·网页制作员 ·信息处理技术员

主题词：专业技术人员 考试 规定 办法 通知

抄送：党中央各部门、全国人大常委会办公厅、全国政
　　　协办公厅、国务院办公厅、高法院、高检院、解
　　　放军各总部。

人事部办公厅　　　　　　　2003 年 10 月 27 日印发

全国计算机软件考试办公室文件

软考办〔2005〕1号

关于中日信息技术考试标准互认
有关事宜的通知

各地计算机软件考试实施管理机构:

为进一步加强我国信息技术人才培养和选拔的标准化,促进国际间信息技术人才的流动,推动中日两国信息技术的交流与合作,信息产业部电子教育中心与日本信息处理技术人员考试中心,分别受信息产业部、人事部和日本经济产业省委托,就中国计算机技术与软件专业技术资格(水平)考试与日本信息处理技术人员考试(以下简称中日信息技术考试)的考试标准,于2005年3月3日再次签署了《关于中日信息技术考试标准互认的协议》,在2002年签署的互认协议的基础上增加了网络工程师和数据库系统工程师的互认。现就中日信息技术考试标准互认中的有关事宜内容通知如下:

一、中日信息技术考试标准互认的级别如下:

中国的考试级别 （考试大纲）	日本的考试级别 （技能标准）
系统分析师	系统分析师 项目经理 应用系统开发师
软件设计师	软件开发师
网络工程师	网络系统工程师
数据库系统工程师	数据库系统工程师
程序员	基本信息技术师

二、采取灵活多样的方式，加强对中日信息技术考试标准互认的宣传，不断扩大考试规模，培养和选拔更多的信息技术人才，以适应日益增长的社会需求。

三、根据国内外信息技术的迅速发展，继续加强考试标准的研究与更新，提高考试质量，进一步树立考试的品牌。

四、鼓励相关企业以及研究、教育机构，充分利用中日信息技术考试标准互认的新形势，拓宽信息技术领域国际交流合作的渠道，开展多种形式的国际交流与合作活动，发展对日软件出口。

五、以中日互认的考试标准为参考，引导信息技术领域的职业教育、继续教育改革，使其适应新形势下的职业岗位实际工作要求。

二〇〇五年三月八日

全国计算机软件考试办公室文件

软考办〔2006〕2号

关于中韩信息技术考试标准互认
有关事宜的通知

各地计算机软件考试实施管理机构：

  为加强我国信息技术人才培养和选拔的标准化，促进国际间信息技术人才的流动，推动中韩两国间信息技术的交流与合作，信息产业部电子教育中心与韩国人力资源开发服务中心，分别受信息产业部和韩国信息与通信部的委托，对中国计算机技术与软件专业技术资格（水平）考试与韩国信息处理技术人员考试（以下简称中韩信息技术考试）的考试标准进行了全面、认真、科学的分析比较，于2006年1月19日签署了《关于中韩信息技术考试标准互认的协议》，实现了程序员、软件设计师考试标准的互认，现将中韩信息技术考试标准互认的有关事宜通知如下：

  一、中韩信息技术考试标准互认的级别如下：

中国的考试级别 （考试大纲）	韩国的考试级别 （技能标准）
软件设计师	信息处理工程师
程序员	信息处理产业工程师

二、各地应以中韩互认的考试标准为参考，积极引导信息技术领域的职业教育发展，使其适应新形势下的职业岗位的要求。

三、鼓励相关企业以及研究、教育机构，充分利用中韩信息技术考试标准互认的新形势，拓宽信息技术领域国际交流合作的渠道，开展多种形式的国际交流与合作活动，发展对韩软件出口。

四、根据国内外信息技术的迅速发展，加强考试标准的研究与更新，提高考试质量，进一步树立考试的品牌。

五、各地应采取灵活多样的方式，加强对中韩信息技术考试标准互认的宣传，不断扩大考试规模，培养和选拔更多的信息技术人才，以适应日益增长的社会需求。

二〇〇六年二月五日

全国计算机技术与软件专业技术
资格（水平）考试简介

全国计算机技术与软件专业技术资格（水平）考试（简称计算机软件考试）是在人力资源和社会保障部、工业和信息化部领导下的国家考试，其目的是，科学、公正地对全国计算机技术与软件专业技术人员进行职业资格、专业技术资格认定和专业技术水平测试。

计算机软件考试在全国范围内已经实施了二十多年，年考试规模已超过三十万人。该考试由于其权威性和严肃性，得到了社会及用人单位的广泛认同，并为推动我国信息产业特别是软件产业的发展和提高各类 IT 人才的素质做出了积极的贡献。

根据人事部、信息产业部文件（国人部发〔2003〕39 号），计算机软件考试纳入全国专业技术人员职业资格证书制度的统一规划。通过考试获得证书的人员，表明其已具备从事相应专业岗位工作的水平和能力，用人单位可根据工作需要从获得证书的人员中择优聘任相应专业技术职务（技术员、助理工程师、工程师、高级工程师）。计算机技术与软件专业实施全国统一考试后，不再进行相应专业技术职务任职资格的评审工作。因此，这种考试既是职业资格考试，又是专业技术资格考试。报考任何级别不需要学历、资历条件，考生可根据自己熟悉的专业情况和水平选择适当的级别报考。程序员、软件设计师、系统分析师、网络工程师、数据库系统工程师的考试标准已与日本相应级别实现互认，程序员和软件设计师的考试标准还实现了中韩互认，以后还将扩大考试互认的级别以及互认的国家。

本考试分5个专业类别：计算机软件、计算机网络、计算机应用技术、信息系统和信息服务。每个专业又分3个层次：高级资格（高级工程师）、中级资格（工程师）、初级资格（助理工程师、技术员）。对每个专业、每个层次，设置了若干个资格（或级别）。

考试合格者将颁发由人力资源和社会保障部、工业和信息化部用印的计算机技术与软件专业技术资格（水平）证书。

本考试每年分两次举行。每年上半年和下半年考试的级别不尽相同。考试大纲、指定教材、辅导用书由全国计算机专业技术资格考试办公室组编陆续出版。

关于考试的具体安排、考试用书、各地报考咨询联系方式等都在网站 www.ruankao.org.cn 公布。在该网站上还可以查询证书的有效性。

信息系统运行管理员考试大纲

一、考 试 说 明

1. 考试目标

通过本考试的合格人员能在信息系统管理工程师的指导下，熟练地、安全地进行信息系统的运行管理，安装和配置相关设备，熟练地进行信息处理操作，记录信息系统运行文档，能正确描述信息系统运行中出现的异常情况，具备一定的问题受理和故障排除能力，能处理信息系统运行中出现的常见问题；具有助理工程师（或技术员）的实际工作能力和业务水平。

2. 考试要求

（1）了解常见的信息系统；

（2）了解信息系统运维管理体系框架；

（3）熟悉信息系统运维管理主要流程；

（4）熟悉信息系统运维专用工具；

（5）熟悉信息系统机房环境管理；

（6）熟悉信息系统设施运维；

（7）熟悉信息系统软件运维的体系；

（8）了解软件运维的工具；

（9）掌握数据资源运维的方法和流程；

（10）了解信息安全的基本概念；

（11）掌握软件、硬件安全运行的措施；

（12）熟悉物联网体系结构和关键技术；

（13）熟悉云计算体系结构和关键技术；

（14）熟悉银行信息系统的目标、结构和功能；

（15）了解银行的灾备体系；

（16）了解大型网站架构的演化；

（17）了解网站运行的关键技术、安全技术和常见故障；

（18）了解智能工厂的架构和管理机制；

（19）了解信息系统分析阶段的目标和任务；

（20）掌握标准化的概念；

（21）了解我国的标准分级。

3．考试科目设置

（1）信息系统基础知识，考试时间为 150 分钟，笔试，选择题，简答题；

（2）信息系统运行管理（应用技术），考试时间为 150 分钟，笔试，问答题。

二、考 试 范 围

考试科目1：信息系统基础知识

1．信息系统运维概述

1.1　信息系统概述

- 掌握信息的含义和类型
- 掌握信息系统的概念
- 掌握信息系统的影响因素

1.2　信息系统运维

- 掌握信息系统运维的概念

- 掌握信息系统运维的框架
- 熟悉信息系统运维的要求

1.3　信息系统运维的发展
- 掌握信息系统运维的发展现状
- 了解信息系统运维的发展阶段
- 熟悉信息系统运维的发展趋势

1.4　常见的信息系统
- 了解各种信息系统：财务系统，办公自动化系统，业务处理系统，生产管理系统，ERP 系统，客户关系管理系统，人力资源系统

2.　信息系统运维的组织与管理

2.1　信息系统运维的管理
- 掌握信息系统运维管理体系框架
- 掌握信息系统运维管理主要流程
- 熟悉信息系统运维管理制度
- 了解信息系统运维管理系统与专用工具

2.2　信息系统运维的组织
- 掌握信息系统运维的任务
- 掌握信息系统运维管理的职责
- 掌握信息系统运维人员的管理
- 掌握信息系统运行管理制度的建立与实施
- 熟悉信息系统的运维模式
- 熟悉系统运行的文档管理
- 熟悉系统运行的故障管理

2.3　信息系统运维的外包
- 掌握信息系统运维外包的概念
- 了解信息系统运维外包的模式

- 了解信息系统运维外包的内容
- 了解信息系统运维外包的风险管理

2.4 信息系统运维管理标准
- 了解 ITIL 和 COBIT

2.5 信息系统运维管理系统与专用工具
- 掌握信息系统运维管理系统功能框架
- 熟悉运维管理系统

3. 信息系统设施运维

3.1 信息系统设施运维的管理体系

3.2 信息系统设施运维的环境管理
- 了解计算机机房设计
- 熟悉计算机机房的环境条件
- 了解电气系统
- 了解空调系统
- 了解消防与安全系统
- 了解系统支撑环境的参照标准

3.3 信息系统设施运维的内容
- 掌握例行操作运维
- 掌握响应支持运维
- 熟悉优化改善运维
- 了解咨询评估运维

3.4 信息系统设施的故障诊断与修复
- 掌握主要故障原因与现象
- 熟悉故障排除步骤
- 掌握故障诊断方法
- 掌握故障诊断与修复原则
- 熟悉故障诊断与恢复注意事项

3.5 信息系统设施运维系统与专用工具
- 掌握信息系统设施运维管理系统功能
- 了解典型信息系统设施运维的专用工具

3.6 云环境下的信息系统设施运维
- 掌握云环境下信息系统设施运维的优势
- 了解云环境下信息系统设施运维的挑战及要求

4. 信息系统软件运维

4.1 信息系统软件运维概述
- 熟悉信息系统软件的可维护性及维护类型
- 掌握信息系统软件运维的体系
- 熟悉 DevOps 原则、价值和工具
- 熟悉信息系统软件运维的过程

4.2 信息系统软件运维的管理
- 软件运维管理流程

4.3 信息系统软件运维的过程
- 熟悉信息系统软件日常运行流程

4.4 信息系统软件运维系统与专用工具
- 了解缺陷诊断与修复
- 了解软件配置与变更管理
- 了解软件运维专用工具

5. 信息系统数据资源维护

5.1 信息系统数据资源维护体系
- 了解信息系统数据资源维护体系
- 掌握数据资源维护的管理类型
- 熟悉数据资源维护的管理内容
- 熟悉数据资源载体的管理

5.2 信息系统数据资源例行管理

- 熟悉数据库监测、备份与恢复、性能优化基础知识
- 掌握 Oracle 数据库监控技术
- 掌握 SQL Server 监控技术

5.3 信息系统数据资源备份
- 掌握数据资源常用的备份技术

5.4 云环境下的数据资源存储及维护
- 了解云环境下的数据资源维护

5.5 信息系统数据资源的开发与利用
- 了解信息系统数据资源的开发与利用方法

6. 信息系统安全

6.1 信息系统安全概述
- 了解信息系统安全的相关概念
- 熟悉常见信息安全术语
- 熟悉影响信息系统安全的因素
- 了解信息系统安全等级保护标准体系及定级方法

6.2 信息系统硬件的安全运维
- 掌握硬件安全运行的措施

6.3 信息系统软件的安全运行
- 熟悉软件安全运行的影响因素
- 掌握软件安全运行的措施

6.4 信息系统数据的安全
- 熟悉数据安全的措施
- 了解云环境下的数据安全管理措施

6.5 信息系统安全管理
- 了解信息安全管理体系

- 了解灾难备份和恢复技术

7. 物联网、云计算运维

7.1 物联网运维

- 了解物联网的基本概念和特征
- 熟悉物联网的体系结构
- 熟悉物联网 RFID 关键技术和 WSN 技术
- 熟悉物联网运维系统体系结构
- 了解物联网运维的案例

7.2 云计算运维

- 了解云计算的概念
- 熟悉云计算体系结构
- 熟悉云计算中心的关键技术
- 熟悉虚拟化管理

8. 银行信息系统运维

8.1 银行信息系统

- 熟悉银行信息系统目标
- 了解银行信息系统功能
- 熟悉银行信息系统结构

8.2 某银行信息系统实例

- 了解银行信息系统架构
- 了解银行网络监控管理
- 熟悉软硬件监控和数据库监控
- 了解统一事件平台
- 了解性能管理、接口管理和可视化管理

8.3 银行灾备体系

- 熟悉灾备体系框架
- 了解灾备体系建设

9. 大型网站运维

9.1 大型网站概述

- 了解大型网站的分类和特点
- 了解大型网站架构的演化

9.2 大型网站运维背景知识

- 熟悉大型网站运维所需的技能和素质
- 掌握大型网站运维的关键技术点
- 了解大型网站运维的体系和制度

9.3 政府门户网站运维案例分析

- 了解大型网站运维的人员角色、工作岗位设置和组织机构
- 熟悉运维服务内容
- 熟悉网站安全服务
- 熟悉网站常见故障
- 了解网站灾备技术
- 熟悉硬件、数据库等的日常维护
- 了解网站升级、二次开发等知识

10. 智能工厂

10.1 什么是智能工厂

- 了解智能工厂定义及提出的背景
- 了解工业 4.0 的概念

10.2 智能工厂架构实例

- 熟悉智能工厂的基本架构
- 了解智能工厂的管理需求

10.3 某重工智能工厂案例

- 熟悉智慧制造的特征
- 了解计划管理、设备管理、生产报工、异常管理、

质量管理和统计报表等业务

   10.4　智能工厂车间生产案例

   - 了解智能工厂的网络拓扑结构
   - 了解智能工厂在各行业的应用

11. **信息系统开发的用户支持**

   11.1　用户支持信息系统建设的意义

   11.2　对系统分析工作的支持

   - 掌握系统分析阶段的目标和任务
   - 了解系统用户对系统分析的支持

   11.3　对系统设计工作的支持

   - 掌握系统设计阶段的目标和任务
   - 了解系统用户对系统设计的支持

   11.4　对系统测试工作的支持

   - 掌握系统测试阶段的目标和任务
   - 了解系统用户对系统测试的支持

   11.5　对系统转换工作的支持

   - 掌握系统转换的任务
   - 熟悉系统转换的方式
   - 熟悉系统转换的实施

12. **标准化基础知识**

   12.1　标准化及其体系结构

   - 掌握标准化概念
   - 了解标准化学科、标准化层级、标准化系统、现代标准化、信息资源管理的标准化

   12.2　标准分类与分级

   - 了解标准分类
   - 了解我国的标准分级

- 了解标准的代号与编号

12.3　信息系统标准化
- 掌握信息系统代码标准化
- 了解信息系统数据交换标准化
- 了解信息系统开发标准化
- 了解信息系统文档标准化
- 了解信息系统安全标准化

12.4　标准化机构
- 了解国际标准化组织（ISO）
- 了解国际电工委员会
- 了解国际电信联盟
- 了解我国的标准化机构
- 了解信息技术标准化组织

考试科目 2：信息系统运行管理

1. 系统运行管理员对信息系统开发的支持

1.1　对系统分析设计的支持
- 对用户需求说明书中的数据格式提出意见
- 对软件外部规格中的操作界面提出意见

1.2　对系统测试的支持
- 参与测试数据的准备及测试用例的设计
- 参与测试实施：出错曲线、收敛性、嵌入错误的方法、错误控制图

1.3　系统转换
- 系统升级
- 系统转换的任务
- 系统转换的方式

- 系统转换过程中的文档管理（文档的一致性、文档更新手续）
- 系统转换过程中的系统操作（作业调度、数据输入/输出控制、操作手册）
- 系统转换的实施（准备投入运行、试运行、版本管理）

2．系统安装与配置

    2.1 计算机环境设置

    2.2 安装、连接和配置局域网

    2.3 企业内部网与互联网连接

    2.4 安装常用操作系统

- 操作系统的安装过程
- 操作系统参数的配置
- 外部设备的安装及参数配置（驱动程序的安装）
- 网络操作系统参数的配置

    2.5 办公软件、电子邮件系统、数据库管理系统、常见工具软件的安装与配置

    2.6 为操作系统、数据库系统、电子邮件系统添加用户，修改用户参数，删除用户，执行权限管理

3．信息系统运行管理和维护

    3.1 日常操作

- 了解信息系统的日常操作
- 按业务要求进行日常的数据处理与数据校验
- 按操作规范对系统中的各个输入、输出设备进行日常操作
- 按操作手册处理常见问题
- 撰写系统运行日志

- 报告系统异常情况
- 网站的运行与维护

3.2　信息设备的管理
- 硬件资源管理
- 软件资源管理（软件库管理、版本管理）
- 网络资源管理
- 文档管理（手册、电子文档、运行日志的管理），文档的管理制度以及修改手续、文档的安全保护

3.3　数据的管理与保护
- 文件管理：文件组织、目录管理
- 数据的保护管理：并发控制、独占控制、故障恢复、灾后恢复、前滚事务、后滚事务、备份与恢复
- 存取管理（存取权限、密码）
- 数据资源管理

3.4　资源使用状态管理
- 动态监视信息系统的资源使用情况
- 对存储介质、文档、软件的管理
- 对用户的管理

3.5　故障的监控与处理
- 故障的种类
- 故障的预防策略：系统操作顺序、系统监控与维护方式、防灾对策、UPS、双重处理
- 常见故障的处理：系统故障管理（故障处理措施、恢复处理过程）、紧急情况处理（紧急情况的区分、紧急处理、备份措施、恢复操作）
- 故障的记录与报告

3.6 系统维护

- 软件维护、硬件维护和按合同维护

3.7 安全管理

- 对域、工作组、用户组以及用户进行管理
- 安全策略与用户角色管理
- 文件卷的安全管理
- 系统备份、信息备份的策略与技术
- 安全危害的预防：加密与解密（公钥、密钥）、认证（数字签名、身份认证、用户验证）、存取管理（存取权限、密码）、机密信息管理（进入退出控制、防治泄漏措施）、防火墙、安全协议（SSL、SET）、计算机病毒预防、安全措施、防闯入、信息备份
- 安全危害的对策：查杀计算机病毒、审计跟踪、计算机非法存取对策、查 IP 地址及位置、故障隔离、故障恢复、数据恢复

4. 常用软件的使用

4.1 常用操作系统的使用

4.2 常用办公软件的使用

- 文字处理软件的使用
- 电子表格软件的使用
- 绘图工具软件的使用
- 电子邮件系统的使用
- 文稿演示软件的使用

5. 数据库和计算机网络基础

5.1 数据库基本知识

- 数据库系统基本概念

- 数据库管理系统的主要功能和特征
- 数据库语言（SQL）
- 常用数据库管理系统的安装、配置和使用

5.2 计算机网络基础知识

- 计算机网络的功能、分类、组成和拓扑结构
- 基本的网络协议与标准：OSI/RM、TCP/IP
- LAN 基础知识
- 常用网络设备、通信设备及其连接方法和连接介质
- 网络操作系统基础知识，常用网络操作系统的安装、配置和使用
- Client/Server 结构与 Browser/Server 结构
- Internet 基础知识

5.3 系统性指标

- 响应时间、吞吐量、作业周转时间的概念
- 可靠性（利用率、MTBF、MTTR、可用性、故障率）、可维护性、可扩充性、可移植性、安全性的概念

5.4 信息安全基础知识

- 信息安全基本概念及安全危害的种类
- 信息安全策略（防护、备份、冗余）
- 常用的安全协议（SET、SSL）
- 访问控制（口令、存取权限）、防火墙、入侵检测
- 加密与解密的基本知识
- 认证（数字签名、身份认证）
- 计算机病毒的防治、计算机犯罪的防范

- 私有信息的保护
- 防灾与环境安全
- 信息安全规章制度

三、题型举例

考试科目1：信息系统基础知识

1. 构成信息系统技术要素的是数据、硬件、软件、通信网络和 (1) 。

    A．人机系统   B．基础设施

    C．管理决策   D．IT 部分

2. 根据信息系统运维的目标，运维工作内容分为：例行操作、响应支持、优化改善和 (2) 。

    A．基础环境   B．咨询评估

    C．例行服务   D．系统软件

3. 信息系统的日常运行管理工作量巨大，其中不包括 (3) 任务。

    A．数据的收集   B．效益评价

    C．信息处理及服务工作   D．计算机硬件的运维

4. 信息系统设施的故障按照区域大致可以分为机房内故障和机房外故障。按照故障性质可以分为链路故障、配置故障、协议故障和 (4) 。

    A．网络拓扑故障   B．服务器故障

    C．配置选项故障   D．网卡故障

5. 云计算会引发数据安全性的保护问题。云环境下的数据安全策略包括建立以数据为中心的安全系统、重视加密

方法和___(5)___。

    A. 数字签名

    B. 完善认证与身份管理

    C. 数据共享

    D. 数据迁移

6. 信息系统中数据加密的目的是___(6)___。

    A. 检验数据内容是否保持了完整性，即没有被篡改

    B. 隔离对系统的恶意攻击

    C. 减少数据的体积，并防止对数据的非法访问

    D. 防止因存储介质的非法复制、失窃等，造成重要数据泄漏

7. 对于一个具有容错能力的系统，___(7)___是错误的。

    A. 通过硬件冗余来设计系统，可以提高容错能力

    B. 在出现一般性故障时，具有容错能力的系统可以继续运行

    C. 容错能力强的系统具有更高的可靠性

    D. 容错是指允许系统运行时出现错误的处理结果

8. 我国政府部门的电子政务应用系统通常基于___(8)___，通过政府门户网站为社会公众提供服务。

    A. 内联网

    B. 中国教育科研网

    C. 局域网

    D. 因特网

9. 信息系统维护工作的任务是___(9)___。

    A. 要有计划、有组织地对系统进行必要的改动，以保证系统中各个要素随着环境的变化始终处于最新的、正确的工作状态

    B. 保障信息系统正常可靠地运行，并使系统不断改

进技术，使其越来越先进

  C．对主机及外设进行维护和管理，以保证系统正常有效地工作

  D．对信息系统的运行进行实时控制，记录其运行状态，为以后修改系统奠定基础

10． __(10)__ 不属于信息系统运行文档。

  A．系统日常运行时打印生成的各种报表

  B．系统设计说明书

  C．系统测试报告

  D．信息系统研制合同书

11．政府机关常用 __(11)__ 处理大量公文。

  A．企业资源计划系统

  B．联机业务处理系统

  C．办公自动化系统

  D．客户关系管理系统

12．存取速度最快的是 __(12)__。

  A．CPU 内部寄存器

  B．计算机的高速缓存 Cache

  C．计算机的主存

  D．大容量磁盘

13．信息系统日志不包括 __(13)__ 的登记。

  A．值班人签字

  B．各用户使用系统资源的情况

  C．系统运行情况

  D．系统异常情况的发生时间和现象

14．下面列出了系统维护工作流程中的几项关键步骤，正确的工作顺序是 __(14)__。

  ① 用户提交维护申请报告

② 交付使用

③ 更新文档

④ 测试

⑤ 核实和评价维护申请报告

⑥ 制订维护计划

⑦ 实施维护

A. ①→⑥→⑤→⑦→③→④→②

B. ①→⑤→⑥→⑦→④→③→②

C. ①→⑤→⑥→⑦→③→④→②

D. ①→⑥→⑤→⑦→④→③→②

15. 调查某一组织中使用的信息系统，说明和讨论其对组织提供的服务功能以及对组织产生的影响。

16. 简述信息系统运维的组织构成及相关职能。

17. 简述信息系统设施运维管理系统的功能。

18. 简述 SQL Server 设置每日定期自动备份的步骤。

19. 简述信息系统安全管理的内容。

20. 简述大型网站运维的关键技术点。

考试科目 2：信息系统运行管理

1. 学校有若干个学院，每个学院有若干个系，每个系有若干个班级和教研室，每个教研室有若干位教师，每位教师只教一门课，每门课可由多位教师教；每个班有若干个学生，每个学生选修若干课程，每门课程可由若干学生选修。问题：（1）请用 ER 图画出该学校的概念模型，注明联系类型；（2）给出关系模式。

【参考答案】

学院表（学院/系编号，学院名称）；

班级/教研室表（班级/教研室编号，班级/教研室名称，

所属学院/系编号,班级/教研室标记(班级为B,教研室为J));

　　教师表（教师编号，教师姓名，教师性别，所属教研室编号）；

　　学生表（学号，姓名，性别，出生年月，所属班级编号）；

　　课程表（课程编号，课程名称，授课老师编号）；

　　学生选课成绩表（学生编号，课程编号，成绩）；

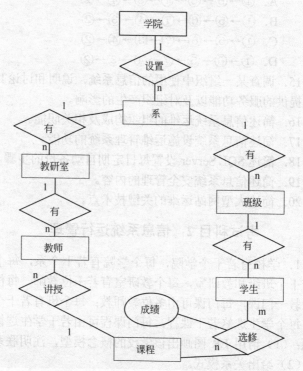

　　2. 公司拥有一个网络号为 172.19.0.0 的 B 类地址，现在要将网络划分为 6 个子网，请问：(1)该子网掩码取多少（写出分析过程)？(2)每个子网可容纳的主机数量是多少？　(3)

子网的网络地址是多少？（4）每个子网中 IP 地址的可取范围是多少？

【参考答案】

（1）现在要将网络划分为 6 个子网，直接套用子网的计算公式：子网数=2^n；n=3 时，才能满足要求（n=2 时，只能划分 4 个子网）。也就是说，需要在主机位上借 3 位进行子网的划分（主机位还剩 5+8=13），即子网掩码为 255.255.224.0（172.19.0.0/19）。

（2）每个子网可容纳的主机数=（$2^{13}-2$）=8192-2=8190。

（3）（4）

子网（网络地址）	有效 IP 地址（可取范围）
172.19.0.0	172.19.0.1～172.19.31.254
172.19.32.0	172.19.32.1～172.19.63.254
172.19.64. 0	172.19.64.1～172.19.95.254
172.19.96.0	172.19.96.1～172.19.127.254
172.19.128.0	172.19.128.1～172.19.159.254
172.19.160.0	172.19.160.1～172.19.191.254
172.19.192.0	
172.19.224.0	

8 个子网，可以任意使用其中的 6 个。